HANS-ULRICH DOMBROWSKI

PSYCHOLOGISCHE STRATEGIEN ZUR ERFOLGREICHEN AUSWANDERUNG

HANS-ULRICH DOMBROWSKI

PSYCHOLOGISCHE STRATEGIEN ZUR ERFOLGREICHEN AUSWANDERUNG

Books on Demand

Bibliografische Information der Deutschen National
bibliothek: Die Deutsche Nationalbibliothek verzeichnet
diese Publikation in der Deutschen Nationalbibliografie;
detaillierte bibliografische Daten sind im Internet über
<u>dnb.dnb.de</u> abrufbar.

Herstellung und Verlag
BoD - Books on Demand GmbH, Norderstedt

Korrektorat: Sabine Rieber, Lippstadt
Satz: Rolf Stracke, Lippstadt

ISBN 978-3-7519-6740-2

Inhaltsverzeichnis

Einleitung

Das Thema Auswanderung von Deutschen aus ihrer Heimat hat in den letzten Jahren ein zunehmendes Interesse erfahren und eine verstärkte Brisanz gewonnen. Seit dem Jahre 2005 findet in Deutschland eine Nettowanderung statt, d.h. es verlassen mehr Deutsche das Land als wieder zurückkehren. In den Statistiken der Jahre zuvor wurden die Russlanddeutschen als Heimkehrer gegengerechnet, so dass sich dadurch die Bilanz noch positiv gestaltete. Aktuell nehmen die Zahlen der deutschen Auswanderer* jedoch zu mit steigender Tendenz.

Auswanderungen hat es in der Geschichte Deutschlands schon immer gegeben. Vielfach spielten politische und religiöse Verfolgung, Unruhen, Bürgerkriege oder Kriege eine wesentliche Rolle. Aber auch Hungersnot, Verarmung, wirtschaftliche Krisen und fehlende soziale Perspektiven können als Gründe angesehen werden. In den letzten Jahrzehnten wurde im Zuge der Globalisierung Auswanderung teilweise auch als zeitlich begrenztes Life-Style-Erlebnis angesehen oder aber im Rahmen von Berufs- und Studienaufenthalten, meist zeitlich limitiert, umgesetzt.

Eine Auswanderung bedeutet immer auch ein massives emotionales Geschehen, das Jemand, der es selbst nicht erfahren hat, nur schlecht nachvollziehen kann.

Das Verlassen der Heimat mit all ihren Sicherheiten stellt eine nicht zu unterschätzende emotionale Herausforderung dar. Daher sollte eine Emigration auch immer gut vorbereitet sein, wobei dem psychologischen Aspekt hierbei eine wesentliche Rolle zukommt.

Wie verschiedene Studien ergeben haben, stehen frühe biografische Erfahrungen im Zusammenhang mit dem Erfolg einer Auswanderung. Positive Beziehungserfahrungen erhöhen die Wahrscheinlichkeit immens, dass eine Auswanderung auch gelingt. Früh erlebte emotionale Belastungen und Beeinträchtigungen wirken dagegen hemmend.

Der vorliegende Ratgeber beschäftigt sich schwerpunktmäßig mit konkreten psychologischen Aspekten der Auswanderung. Er soll für diejenigen eine Hilfestellung sein, die eine Auswanderung planen, sich mit dem Thema beschäftigen oder möglicherweise schon ausgewandert sind.

Eine Auswanderung findet im Kopf statt. Erfolgreiche Auswanderer unterscheiden sich von solchen, die wieder in ihr Heimatland zurückkehren dahingehend, dass die maßgeblichen Einstellungen bereits schon vor der Auswanderung vorlagen. Daher ist die mentale Vorbereitung entscheidend. Sie gibt einen Weg vor, dem man später folgt, im Positiven wie auch im Negativen.

Die Einstellungen, die Menschen haben, sind jedoch keine genetischen Konstrukte, sondern entwickeln sich durch Sozialisation und Lebenserfahrung und sind änderbar. D.h., jeder Mensch kann eine einmal gefasste Meinung und Einstellung modifizieren. Dass dies nicht unbedingt einfach ist, ist unstrittig, aber es ist möglich. Mit den Möglichkeiten der Entwicklung hilfreicher und zielführender oder der Modifikation von weniger hilfreichen und zielführenden Einstellungen werden wir uns im Laufe des Buches noch beschäftigen.

Eine Auswanderung stellt eine Entscheidung dar, für die jeder Einzelne selbst verantwortlich ist. Sie ist eine Alternative unter verschiedenen anderen Möglichkeiten, mit einer vorhandenen Situation umzugehen. Daher sollten Aspekte wie Motivation, Erwartungen, Chancen, Risiken, Belastungsfähigkeit, Umstellungsfähigkeit, um nur einige zu nennen, idealerweise vor dem Verlassen des Heimatlandes bedacht werden. Das wird später noch ausführlich unser Thema sein.

„Psychologische Strategien zur erfolgreichen Auswanderung" ist daher kein Heilsversprechen dahingehend, dass eine Auswanderung nur positive Gefühlszustände hervorrufen soll. Es soll vielmehr eine Unterstützung sein, zu prüfen, ob eine Auswanderung überhaupt sinnvoll ist und, welche Aspekte beachtet werden müssen, so dass diese gelingt und zu einer soweit wie möglichen Zufriedenheit führt.

Dr. Hans-Ulrich Dombrowski

Lippstadt, im Juni 2020

* Zur besseren Lesbarkeit wird im Text die männliche Form verwendet. Es sind dabei sowohl das weibliche Geschlecht als auch das Geschlecht divers angesprochen.

I. Teil

Warum wandern Menschen aus?

Es gibt die unterschiedlichsten Gründe warum Menschen auswandern. Grob gesprochen unterscheiden wir zwischen Push- und Pull-Faktoren, die für eine Auswanderung relevant sind. **Push-Faktoren** (englisch: to push = drücken) stellen Gründe im eigenen Land dar, die eine Auswanderung begünstigen, wie beispielsweise schlechte Arbeitsbedingungen, Hungersnot, politische und religiöse Drangsalierung oder Bürgerkrieg. Diese führen zu einem Auswanderungsdruck. **Pull-Faktoren** (englisch: to pull = ziehen) sind Bedingungen des Aufnahmelandes wie höhere Sozialleistungen, besseres Ausbildungsniveau oder Rechtssicherheit. Diese führen zu einem Auswanderungssog, wobei es nicht wesentlich ist, ob diese Gründe auch wirklich real gegeben sind oder nur vom Auswanderungswilligen so wahrgenommen werden.

Allerdings führen begünstigende Faktoren auch nicht unmittelbar zu einer Auswanderung. Entscheidend ist letztlich die Einschätzung dieser Faktoren durch den Einzelnen selbst und seine Bereitschaft, darauf zu reagieren.

Die Auswanderung aus Deutschland der letzten Jahrhunderte war primär geprägt durch wirtschaftliche Krisen, Missernten und Überbevölkerung. Es handelte sich vornehmlich um **Arbeits- und Wirtschaftsmigranten**. Daneben spielten auch politische Gründe für die Emigration eine Rolle, beispielsweise im 19. Jahrhundert nach der gescheiterten Märzrevolution von 1848 oder durch das Inkrafttreten des Sozialistengesetzes 1878 und der Verfolgung von deren Unterstützern.

Während im 18. Jahrhundert große Kontingente nach Russland auswanderten, war ab dem 19. Jahrhundert vornehmlich Nordamerika das Ziel. Millionen Deutsche haben in den Staaten eine neue Heimat finden können.

Nach dem 1. Weltkrieg erfolgte, bedingt durch Wirtschaftskrisen und Inflation, neben Nord- auch eine starke Wanderbewegung nach Südamerika. Jüdische Bürger flohen vor und während der nationalsozialistischen Diktatur, um ihr Leben zu retten, ebenso politisch Andersdenkende, Wissenschaftler, Literaten und Künstler. Die USA nahmen weltweit das höchste Kontingent an Juden auf.

Nach dem 2. Weltkrieg stellten aufgrund von Hunger, Verwüstung und Verelendung neben den USA auch die anderen klassischen Auswanderungsländer wie Kanada und Australien sowie südamerikanische Länder das Hauptziel der Emigranten dar.

Die Auswanderung in den geschilderten Zeiträumen war primär durch Push-Faktoren bestimmt und diente vornehmlich der **Existenzsicherung**. Infolge der Globalisierung hat sich jedoch seit der zweiten Hälfte des 20. Jahrhunderts die Art der Auswanderung geändert. Es besteht keine unmittelbare oder mittelbare existentielle Notwendigkeit mehr dazu, was nicht heißen soll, dass dies möglicherweise nicht eines Tages wieder so sein könnte.

Auswanderung wird daher heute vielfach, jedoch nicht immer, **als ein Zeit begrenztes Geschehen** angesehen, z.B. um zu arbeiten, zu studieren, um neue Erfahrungen zu sammeln oder auch der Liebe wegen. Eine Rückkehr ist jederzeit wieder möglich. Als entscheidungsrelevant wird meist die Summe unterschiedlicher Gründe betrachtet.

Ein temporärer Auslandsaufenthalt wird heute als selbstverständlicher Bestandteil der beruflichen Vita angesehen. Gleichzeitig erhöht sich auch die Wahrscheinlichkeit später noch einmal ins Ausland zu gehen, zumal die sprachlichen und kulturellen Kompetenzen bereits erworben wurden.

In verschiedenen Untersuchungen fand man heraus, dass die Auswanderer im Durchschnitt jung und qualifiziert sind. Ein hoher Prozentsatz von ihnen berichtet von einem verbesserten Einkommen und einem höheren Lebensstandard.

Aber nicht nur berufsbezogene Gründe führen zu einer Auswanderung, sondern auch Abenteuerlust, besseres Wetter im Aufnahmeland, vorherige positive Urlaubserlebnisse, mehr Natur, Freizeit und eine höhere Lebensqualität.

In den letzten Jahren stieg die Zahl derer, die Deutschland aus **gesellschaftspolitischen Gründen** verlassen. Hierbei spielen Ängste vor der Abnahme des wirtschaftlichen Standards einhergehend mit Einkommens- und Arbeitsplatzverlusten, Zusammenbruch der Sozialsysteme, hohe Steuern und Abgaben, Rechtsunsicherheit, Angst um die eigene

Zukunft und die Zukunft der Kinder, soziale Entgleisungen aufgrund von Armutseinwanderung sowie zunehmende Veränderung der ethnischen Zusammensetzung der Gesellschaft eine wesentliche Rolle.

Die häufigsten Zielländer befinden sich in Europa: Schweiz, Österreich, Polen und Großbritannien. Als wichtigstes außereuropäisches Land hat weiterhin die USA die höchste Priorität.

II. Teil

Psychologische Prozesse der Auswanderung

Viele Auswanderer beschäftigen sich im Rahmen ihrer Emigration vornehmlich mit praktischen Aspekten wie Hausverkauf bzw. Kündigung der Wohnung, Auflösung von Versicherungen, Klärung sozialrechtlicher Fragen oder ähnlichen Dingen. Diese praktische Seite ist absolut notwendig, da eine Auswanderung gut vorbereitet und nicht dem Zufall überlassen sein sollte. Allerdings spielen darüber hinaus auch psychologische Prozesse eine wichtige Rolle und sind mitentscheidend dafür, ob eine Emigration gelingt oder wieder aufgegeben wird.

Mitunter wird die Rolle von psychologischen Faktoren unterschätzt. Es wird schlichtweg davon ausgegangen, dass es irgendwie klappen wird, wenn bereits schon Dinge wie Arbeitsvertrag und Einrichten eines Kontos im neuen Land geregelt worden sind. Dies mag vielfach im Ergebnis zur Auswanderung als solcher ausreichen, allerdings werden oftmals psychologische Aspekte außer Acht gelassen oder nur unzureichend bedacht, die für den Auswanderungsprozess insgesamt jedoch relevant sind. Auch verlässt ein bestimmter Prozentsatz der Auswanderer wieder das Aufnahmeland und kehrt in die Heimat zurück. Damit sind neben meist wirtschaftlichen Verlusten auch immer sehr viel Stress, gesundheitliche Beeinträchtigungen und emotionale Belastungen verbunden. Beachtet man jedoch bereits in der Phase der Entscheidungsfindung psychologische Aspekte, so kann einiges an Leid vermieden und somit die Wahrscheinlichkeit einer erfolgreichen Auswanderung erhöht werden.

Lassen Sie uns daher zunächst ein **psychologisches Modell** der Auswanderung betrachten, in dem Auswanderung als ein intrapsychischer Prozess angesehen wird, wobei Faktoren wie Gedanken, Gefühle, Motivation und Wahrnehmung eine wesentliche Rolle spielen. Diese Faktoren stehen in einem engen Zusammenhang mit lebensgeschichtlichen Lernerfahrungen. Im Rahmen der Sozialisation sind insbesondere die Erfahrungen der frühen Kindheit für den weiteren Lebensweg entscheidend.

Eine liebevolle und Sicherheit gebende Mutter-Kind-Beziehung (rsp. Beziehung zu einer anderen primären Bezugsperson) bildet die Grundlage für eine Bindungssicherheit des Kindes und seine spätere Selbstsicherheit. Das Kind lernt durch eine derartig tragende Beziehung, dass es geschützt wird und wichtig ist. Aus der früh erlernten Bindungssicherheit entwickelt sich eine Selbstsicherheit und damit das Vertrauen in sich selbst. Das Kind löst sich im Laufe seiner Sozialisation von dem schützenden elterlichen Rahmen und setzt sich zunehmend mehr mit der Außenwelt auseinander. Die stärkste Loslösung vom Elternhaus findet in der Pubertät statt.

Die Bindungssicherheit stellt ein Grundbedürfnis dar. Sie steht in einer engen Verbindung zu einem weiteren Grundbedürfnis, nämlich dem nach Kontrolle. Aus einer stabilen Bindung heraus entwickelt sich die Zuversicht auch Kontrolle über die Anforderungen des Lebens zu haben und Dinge im eigenen und erwünschten Rahmen regeln zu können.

Menschen, die eine unzureichende Bindungssicherheit erworben haben, erleben gleichzeitig auch eine mangelnde Kontrolle und sind damit weniger in der Lage den Widrigkeiten und Ansprüchen des Lebens zu begegnen. Sie erleben häufige Spannungszustände und emotionale Turbulenzen. Ihr Risiko für psychische Einschränkungen jedweder Art ist erhöht.

Im Rahmen der Sozialisation lernt das Kind neben der elterlichen Geborgenheit auch den Lebensstil und die Traditionen der Familie kennen. Mit zunehmender Lösung von der Familie erfährt es die gesellschaftlichen Gegebenheiten wie Heimat, Kultur und nationale Identität. Diese Faktoren führen zu einem Selbstverständnis, d.h. zu einer eigenen Sicht über sich selbst und der Welt. Es werden ein Selbstbewusstsein entwickelt sowie Einstellungen und Meinungen über die Dinge des Lebens. Die Wahrnehmung richtet sich nach dieser Weltsicht aus und Emotionen und Verhalten werden dadurch bedingt und gesteuert.

Die früh erlebte Bindungssicherheit ist somit eine ultimative Voraussetzung dafür, wie wir unseren weiteren Lebensweg gestalten. Die Loslösung von der Familie bzw. den Bezugspersonen bedeutet einen weiteren elementaren Schritt im Leben eines Menschen.

Eine Auswanderung stellt vergleichbar auch einen Loslösungs- und Bindungsprozess dar, nämlich die Loslösung aus der Heimatkultur hin zur Bindung an die Aufnahmekultur. Die in der Kindheit und Jugend gemachten Erfahrungen dienen hierbei als Grundlage für den Migrationsprozess. Sie stellen ein Modell unserer bisher gemachten Erfahrungen dar, auf die wir im Zuge der Auswanderung zurückgreifen.

Hierbei erlebt der Auswanderer verschiedene Phasen der Loslösung und Bindung mit unterschiedlichen emotionalen Reaktionen. Deren Ausmaß und zeitliche Länge sind abhängig von den gemachten Lebenserfahrungen und der jeweiligen Persönlichkeit. Äußere Rahmenbedingungen spielen dabei natürlich ebenfalls eine Rolle. Sie sind allerdings nicht entscheidungsrelevant. So ist zwar die Belastung einer Auswanderung aufgrund einer Liebesbeziehung eine andere als eine Auswanderung aufgrund politischer Drangsalierungen im Lande. Allerdings stellt die Entscheidung zur Auswanderung selbst einen intrapsychischen Prozess dar.

Die verschiedenen Phasen der Auswanderung gelten als universell, d.h. jeder Auswanderer erlebt diese mit unterschiedlicher Ausprägung. Dies ist unabhängig davon, ob es sich um eine dauerhafte oder zeitlich begrenzte Auswanderung handelt. Das Durchleben dieser Phasen stellt einen notwendigen Schritt hin zur Anpassung an die veränderte Lebenssituation dar. Das Alte und Vertraute ist nicht mehr da und damit geht auch die bisherige Sicherheit verloren. Das Neue und Unbekannte muss erst noch erschlossen und ein neues Sicherheitsgefühl entwickelt werden.

Die Loslösungs- und Bindungsprozesse beziehen sich nicht nur auf einzelne Sequenzen der Migration, sondern sind für den gesamten Migrationsprozess relevant. So spielen in der Phase vor der Auswanderung Aspekte wie Motivation und Entscheidungsfindung eine wichtige Rolle. In der Phase nach der Einwanderung geht es um Bewältigungsstrategien und Anpassung an die Kultur des Aufnahmelandes.

Es handelt sich hierbei um psychologische Faktoren, die als ein lebenslanges Reaktionsmuster auftreten. Migration stellt insofern einen Lebensprozess dar, der über mindestens zwei Generationen geht, sich darüber hinaus mitunter auch auf die nachfolgende Generation bezieht.

Hierbei können **verschiedene Phasen** mit unterschiedlichen Stressoren, emotionalen Reaktionen und Bewältigungsmechanismen unterschieden werden:

Phase der Entscheidungsfindung

Diese Phase zieht sich über Jahre hin. Häufig treten erste Wünsche zu einer Auswanderung bereits in der Kindheit oder Jugend auf und werden dann im späteren Lebensalter wieder aufgenommen und weiter verfolgt.

Mitunter spielen reaktive Faktoren eine Rolle wie z.B. die Möglichkeit einer beruflichen Weiterentwicklung, die einen mehrjährigen Auslandsaufenthalt voraussetzt. Auch eine Fernsehsendung über Auswanderung kann zu einer spontanen Entscheidung motivieren. Begünstigend wirken vorherige Auslands- und Kulturerfahrungen sowie eine bereits schon einmal stattgefundene Auswanderung in der Familie.

In dieser Phase werden die Motive zur Auswanderung geklärt und die verschiedenen Alternativen im Sinne einer Kosten- Nutzenrechnung abgewogen. Je klarer das Motiv ist und je deutlicher die Chancen und Risiken erfasst werden, um so höher ist die Wahrscheinlichkeit einer erfolgreichen Auswanderung.

Es können dabei die unterschiedlichsten Gefühlszustände auftreten: von Euphorie und Zuversicht bis hin zu Angst und Selbstzweifeln.

Vorbereitungsphase

Nachdem die Entscheidung zur Auswanderung getroffen wurde, finden konkrete Maßnahmen zu deren Umsetzung statt. Es werden die Schritte unternommen, die notwendig sind, wie beispielsweise Arbeits- und Aufenthaltspapiere klären, Sprachtest machen, Abklärung und Umsetzung der Abwicklung des Wegzugs, Wohnmöglichkeit im Zielland klären und andere Dinge. Es handelt sich hierbei um vornehmlich praktische Tätigkeiten, die umgesetzt werden. Der Zeitraum dafür kann unterschiedlich lang sein und sich über Jahre hinziehen. Mitunter treten in dieser Phase Ängste oder auch Trauerreaktionen auf. Aber auch positive Gefühle wie Zuversicht und freudvolle Erwartung in Bezug auf das neue Leben können sich entwickeln. Vielfach wechseln die Gefühlszustände. Das Ausmaß der Vorbereitung kann als ein Prädiktor einer erfolgreichen Migration angesehen werden. D.h. je differenzierter und überlegter eine Vorbereitung vorgenommen wird, um so höher ist die Wahrscheinlichkeit einer gelingenden Emigration.

Migrationsakt

Es folgt die Übersiedlung in das aufnehmende Land, die Heimat wird verlassen. Die Gefühlszustände können wechseln von freudiger Erwartung und hoher Motivation bis hin zu Ängsten vor dem Unbekannten und Trauer um den Verlust. Die emotionale Reaktion ist von Person zu Person unterschiedlich, je nach bisherigen Lebenserfahrungen und Persönlichkeitstypus.

Phase der Überkompensation

In dieser Phase findet eine hohe Idealisierung der neuen Heimat statt („Honeymoon-Phase"). Die Wahrnehmung ist auf das Positive gerichtet und mögliche Dissonanzen werden nicht wahrgenommen, ausgeblendet oder als weniger wichtig aufgefasst. Man ist vielmehr von der neuen Kultur, ihren Menschen mit ihrer Lebensart und der Landschaft fasziniert.

Phase der kritischen Anpassung

Nach dem Hoch der vorherigen Phase erfolgt eine Phase der Ernüchterung insofern, als dass die Wahrnehmung nun auch auf herausfordernde und belastende Aspekte des neuen Landes gerichtet ist. Es finden Vergleiche mit der alten Heimat statt und man wird sich des erlittenen Verlustes bewusst. Die sich einstellenden Anforderungen werden mitunter als Überforderungen erlebt. Es treten Konflikte und Frustrationen auf, die die eigenen Hoffnungen und Erwartungen in Frage stellen können. In dieser Phase geht es verstärkt um die existentielle Absicherung und die Etablierung der Lebensgrundlagen.

Der dabei erlebte Stress kann zu Befindlichkeitsstörungen in Form von Ängsten, Depressionen, Suchtverhalten und anderen Beschwerden führen. Ebenso kann es zu Dissonanzen und Streitigkeiten innerhalb der Partnerschaft und Familie kommen.

Phase der Akkulturation

In dieser Phase trifft der Emigrant die Entscheidung in welchem Ausmaß er seine alte Kultur behalten will und die neue Kultur aufnehmen möchte. Der Integrationsprozess kann über Generationen andauern. Eine Ablehnung der neuen Kultur führt zu einer Segregation oder Marginalisierung, somit auch zur Entwicklung von Parallelgesellschaften.

Der dargestellte phasische Prozess der Loslösung und Bindung gilt als allgemein akzeptiert im Rahmen der Migrationsforschung. Das Durchleben der einzelnen Phasen stellt eine notwendige Voraussetzung dafür dar, dass die alte Kultur mit ihren Werten einen angemessenen Platz in der Psyche des Auswanderers findet und die neue Kultur entsprechend aufgenommen werden kann. Ähnliche phasische Verläufe treten beispielsweise auch im Rahmen einer schweren Erkrankung, einer Partnertrennung und beim Tod eines geliebten Menschen auf. Die Verarbeitung des traumatischen Geschehens (Loslösung) stellt eine notwendige Voraussetzung dafür dar, dass die Zukunft gestaltet werden kann (Bindung). Die Aspekte der Loslösung und Bindung stellen grundlegende Elemente unseres menschlichen Lebens dar.

Menschen, die sich dieser Abläufe bewusst sind, kommen besser mit derartigen Krisensituationen zurecht. Die emotionalen Belastungen als notwendige Voraussetzungen zur Bewältigung bleiben natürlich bestehen. Sie verlaufen jedoch moderater ab und die Gefahr, dass die betreffende Person in einer der Phasen, z.B. einer depressiven Verstimmung, „hängen bleibt", ist deutlich reduziert.

Eine Migration verläuft vom zeitlichen Aspekt her gesehen über mindestens zwei Generationen. Die Auswanderergeneration selbst ist noch stark geprägt durch die Werte der Heimatkultur. Die nächste Generation, die der Kinder, hat zwar noch eine Bindung zum Herkunftsland und spricht auch noch deren Sprache, wird jedoch im neuen Land zunehmend integriert. Sie erlebt sich als zwischen den Kulturen stehend. Ein Freund von mir, dessen Eltern als er 7 Jahre alt war in der 1960er Jahren von Spanien nach Deutschland ausgewandert waren, antwortete auf die Frage, ob er sich als Deutscher oder als Spanier fühle: „Vom Kopf her bin ich Deutscher, vom Herzen Spanier!"

Erst in der nächsten Generation, der Enkelgeneration, ist der Migrationsprozess als abgeschlossen anzusehen. Diese Generation spricht häufig auch nur noch bruchstückhaft die Sprache ihrer Großeltern, versteht sie in der Regel jedoch noch gut. Die Kultur des Aufnahmelandes wurde angenommen.

Diese Beschreibung der Migration stellt einen Idealfall dar. Nicht jeder Migrationsprozess verläuft in einer derartigen Form. Er setzt die Bereitschaft des Emigranten voraus, sich auch integrieren zu wollen. Eine Integration bedeutet sowohl die Kultur der Heimat aufrecht zu erhalten als auch die des Aufnahmelandes anzunehmen. Es entwickelt sich dabei eine bikulturelle Identität.

Die zunehmende Distanz zu der Kultur des Auswanderungslandes führt bei den Kindern und Enkeln dazu, dass die alte Kultur mehr und mehr in den Hintergrund tritt und die Kultur des Aufnahmelandes prägend wird. Wir sprechen dann von Assimilation.

Die Ablehnung der Kultur der Aufnahmegesellschaft und Beibehaltung der eigenen Kultur wird als Segregation bezeichnet. Diese kann über Generationen bestehen, ohne dass sich die Zuwanderer in die aufnehmende Gesellschaft integrieren wollen.

Eine Auswanderung beginnt im Kopf

Unsere Gedanken sind ein sehr mächtiges Instrument. Sie regeln unsere Gefühle, haben Einfluss auf körperliche Reaktionen, bestimmen unsere Motivation und Wahrnehmung, lenken unser Verhalten und beeinflussen unsere sozialen Kontakte. Die Welt, in der wir leben, ist die Welt unserer Gedanken. Wir konstruieren unsere eigene Welt.

Stellen Sie sich einmal vor, Sie gehen eine Straße in einem Ort entlang und sind sehr hungrig. Ihr Motiv besteht darin, etwas Essbares aufzutreiben. Worauf achten Sie? Natürlich auf Einrichtungen, in denen Sie das bekommen, was Sie haben möchten: Restaurants, Döner-Läden, Pizzerien, Bäckereien usf. Ihre Wahrnehmung ist auf diese Geschäfte gerichtet, andere Läden oder sonstige Objekte nehmen Sie gar nicht oder nur am Rande wahr.

Drei Tage später gehen Sie dieselbe Straße entlang. Sie haben Lust auf Sex und suchen einen Sexualpartner. Das ist Ihr Motiv. Worauf achten Sie? Auch auf Restaurants und Döner-Läden? Oder ist Ihre Wahrnehmung auf andere Objekte gerichtet? Natürlich achten Sie auf die Dinge, die Ihrem Motiv entsprechen und nicht auf andere Sachen, obwohl diese auch existieren. Selbst wenn Ihre Wahrnehmung nach einem potentiellen Sexualpartner ausgerichtet ist und Sie die Bäckerei und Pizzeria nicht wahrnehmen, existieren diese dennoch. Sie nehmen sie nur nicht wahr und bilden sich aufgrund Ihrer Motivlage Ihre eigene Welt. Ihr

Motiv führt dazu, dass Sie die Schritte tun, die Sie Ihrem Ziel näher bringen. Es handelt sich hierbei gleichzeitig auch um einen Entscheidungsprozess, denn Sie könnten genauso gut sagen: „Obwohl ich jetzt Hunger habe, warte ich noch zwei Stunden, dann kann ich zu Hause etwas essen." Sie würden dann Ihre unmittelbare Bedürfnisbefriedigung aufschieben.

Ähnlich verläuft es, wenn Sie beispielsweise ein sehr starkes Motiv haben, viel Geld verdienen zu wollen. Ihre Wahrnehmung ist dann darauf ausgerichtet, wo Möglichkeiten bestehen an Geld zu kommen. Ihre Kontakte und Tätigkeiten werden diesem Motiv untergeordnet sein. Je nach Sozialisation und Persönlichkeit versuchen Sie, Ihr Motiv mit legalen oder auch mit illegalen Mitteln umzusetzen.

Wenn Sie als Frau gerne einen Millionär als Ehemann hätten, werden Sie sicherlich kein kostenloses Dating-Portal benutzen, da dort die Wahrscheinlichkeit, dass sich Millionäre tummeln eher begrenzt ist. Ebenso würden Sie sich nicht unbedingt an Orten aufhalten, die selten von Millionären aufgesucht werden. Zielführender wäre es vielleicht, einmal einen Golf- oder Segelclub zu besuchen oder Lokalitäten des gehobenen Standards zu wählen, um dann im entscheidenden Augenblick auf sich aufmerksam zu machen.

Auch dies sind Entscheidungsprozesse, die dazu dienen ein definiertes Ziel zu erreichen. Die Entscheidung als kognitive Leistung führt zu einer bestimmten Wahrnehmungsausrichtung und letztlich zu einer weiteren Entscheidung dahingehend die Dinge anzugehen und umzusetzen, die als Ziel definiert wurden. Möglicherweise führen neue Informationen, die man gewonnen hat dazu, das Ziel neu zu definieren, aufzugeben oder die Strategien zu ändern. Letztlich finden diese Prozesse jedoch im Kopf statt. Die Überlegung auszuwandern stellt ebenso ein Motiv dar, das die aufgeführten spezifischen Prozesse nach sich zieht.

Wandert Jemand in ein bestimmtes Land aus, weil er dort die Menschen und die Kultur mag, gute Möglichkeiten sieht, beruflich und privat Fuß zu fassen, so ist die Wahrscheinlichkeit sehr hoch, dass diese Auswanderung auch erfolgreich sein wird (Pull-Faktor). Wandert hingegen Jemand vornehmlich deshalb aus, weil ihm beispielsweise die gesellschaftspolitischen Veränderungen im eigenen Land ängstigen und er zum Zielland nur begrenzte Berührungspunkte aufweist, so ist die Erfolgswahrscheinlichkeit als deutlich geringer anzusehen (Push-Faktor). Er möchte eigentlich nicht auswandern, sondern tut es mehr aus der Not heraus, statt eine Zukunftsvision zu entwickeln. Er empfindet dann mehr den Verlust als den möglichen Gewinn.

Diese Einstellung entwickelt sich bereits im Heimatland lange bevor die Emigration überhaupt umgesetzt wird. Während im ersten Fall die Wahrnehmung bereits auf das

Zielland mit seinen Chancen und Möglichkeiten ausgerichtet ist, eine Zukunftsprojektion bereits stattfindet, sieht man im zweiten Fall eher die Verluste und das Verlorene im eigenen Land, dem man nachtrauert, statt Zielvorgaben für das Auswanderungsland zu entwickeln.

In beiden Fällen liegt eine emotionale Ausrichtung vor, im ersten Beispiel eher zuversichtlich, in freudiger Erwartung dessen was kommt und daher mit einer geringen Ängstlichkeit. Im zweiten Beispiel spielen eine starke Ängstlichkeit in Bezug auf die Zukunft und eine Trauer bezüglich des Verlustes eine Rolle. Das Heimweh würde hier auch ausgeprägter sein.

Förderlich für eine erfolgreiche Emigration ist daher die Bereitschaft, aktiv Anforderungen und Probleme zu lösen. Diese Bereitschaft liegt in der Regel bereits im Heimatland vor oder auch nicht, ist allerdings auch entwickelbar. Wichtig ist in diesem Zusammenhang die Überzeugung, selbst in der Lage zu sein, anstehende Ereignisse oder Anforderungen bewältigen zu können. Diese Überzeugung stellt einen internalen Faktor dar, d.h. eine Kompetenz, die man unabhängig von der jeweiligen Situation hat. Menschen mit dieser Überzeugung lösen anstehende Probleme aus sich heraus, unabhängig davon, wo diese auftreten. Wenn ich in der Lage bin, Anforderungen in Deutschland zu bewältigen, dann schaffe ich dies auch im Einwanderungsland.

34

In diesem Zusammenhang ist auch die Bereitschaft, das eigene Schicksal in die Hand zu nehmen, zu sehen und die Ausrichtung nach positiven Zielsetzungen. Dies könnte der Wunsch nach neuen Erfahrungen oder mehr Unabhängigkeit sein. Es könnte eine neue berufliche Herausforderung sein mit dem Motiv der Verbesserung der Lebenssituation und dem Wunsch nach sozialer Sicherheit. Diese Ziele sind positiv besetzt und sollten auf konkrete Schritte bzw. Teilziele übertragen werden, damit sie auch umgesetzt werden können.

Problematisch wird es bei negativ gesteckten Zielen, wie beispielsweise zu vermeiden, viel zu arbeiten oder mit wenigen sozialen Kontakten zurecht kommen zu wollen. Sinnvoller wäre es, diese Zielsetzungen positiv zu definieren, beispielsweise mehr Freizeit haben zu wollen oder mit sich allein bzw. mit nur wenigen Menschen genügsam zu sein. Inwieweit diese Zielsetzungen dann auch wirklich hilfreich für eine Migration sein werden, das wird die weitere Entwicklung zeigen, so dass diese Ziele auch wieder aufgegeben und durch andere ersetzt werden können.

Im Heimatland vorhandene Einstellungen bleiben in der Regel über die Zeit und die Örtlichkeit stabil. Wer in Deutschland die Bereitschaft zur Veränderung entwickelt hat, der verfügt über eine stabile Kompetenz. Wer darüber hinaus auch bereit ist, schwierige Lebenssituation durchzustehen, die sich auf jeden Fall bei einer Emigration ergeben werden, der bringt beste Voraussetzungen mit, diese auch erfolgreich zu bewältigen. Daher macht es Sinn, sich bereits im Voraus bewusst zu machen, dass eine Auswanderung kein „Zuckerschlecken" ist, sondern eine hochemotionale Angelegenheit, bei der man manches Mal an seine Grenzen stößt, mitunter auch das Gefühl haben wird, dass die Grenzen schon überschritten sind. Die Flexibilität, Ziele zu verändern, die nicht umsetzbar sind und Kompetenzen zu entwickeln, die man noch nicht hat oder nicht ausreichend gelernt hat, stellen weitere wichtige Fähigkeiten dar.

Eng mit der Entscheidung verbunden ist der Wille des Menschen. So weist das Lexikon der Psychologie (1976) darauf hin, dass der Wille („Ich will!") einen Bewusstseinsprozess darstellt mit der Freiheit des persönlichen Entschlusses. Ein fester Wille, etwas zu schaffen oder zu erreichen, stellt eine wertvolle Ressource dar, ein geplantes Projekt wie eine Auswanderung umzusetzen. Dies bedeutet einerseits, sich auf die zielführenden Aspekte einer Emigration zu konzentrieren, und andererseits die Bereitschaft zu entwickeln schwierige Situationen auszuhalten. Es handelt sich hierbei ebenfalls um eine Entscheidung, die der Einzelne trifft oder eben nicht trifft. Ein mangelnder Wille führt dazu, dass das Projekt Auswanderung nur unzureichend forciert und umgesetzt wird. Bei sich einstellenden Schwierigkeiten und Frustrationen ist die Neigung erhöht, wieder aufzugeben.

Ängste und hemmende Faktoren

Eine Auswanderung führt bei den meisten Menschen zu einer unterschiedlich starken Angst. Dies ist vollkommen normal, da mit einer derartig eklatanten Veränderung Stabilitäten und Sicherheiten des Lebens aufgegeben werden. Unser menschliches Grundbedürfnis nach Kontrolle wird tangiert, was besagt, dass der Mensch Lebenssituationen kontrollierbar und vorhersehbar haben möchte.

Manche Auswanderer spüren nur eine moderate Ängstlichkeit, andere hingegen erleben eine sehr starke Angst bis hin zu Panikreaktionen. Ist es deshalb sinnvoll, überhaupt keine Angst zu haben?

Angst ist die häufigste Emotion, die Menschen haben. Würden wir keine Ängste erleben, dann würde es uns Menschen nicht mehr geben. Angst entwickelt sich bei Gefahr und Bedrohung. Wir werden in einen Erregungszustand versetzt, der es uns ermöglicht, angemessen mit dieser Gefahr oder Bedrohung umzugehen. Ist die Erregung zu stark, findet eine Blockade statt, und wir sind nicht mehr ausreichend in der Lage, die Situation angemessen einzuschätzen (Beispiel black-out in der Prüfung). Ist die Erregung zu schwach laufen wir Gefahr, das bestehende Risiko zu unterschätzen („Es wird schon irgendwie klappen!"). Ein mittleres Erregungsniveau erbringt eine optimale Voraussetzung, mit der gegebenen Situation umzugehen (Dombrowski 2005, 2009).

Die möglichen Reaktionsweisen auf Angst sind

- Kampf
- Flucht
- Erstarrung

Im Rahmen eines Kampfes versucht man, einen Aggressor zu kontrollieren, so dass von ihm keine Gefahr mehr ausgeht. In Bezug auf eine Auswanderung würde dies bedeuten, die damit zusammenhängenden Herausforderungen anzunehmen und sich aktiv mit ihnen im Sinne einer Bewältigung auseinander zu setzen.

Unter Flucht versteht man, dass die Gefahr als zu groß erachtet und davon ausgegangen wird, diese nicht kontrollieren zu können. Daher entschließt man sich dazu, sich dieser Situation zu entziehen. Dies würde in diesem Zusammenhang die Aufgabe der Idee einer Auswanderung schon im Inland, also vor der Auswanderung selbst, bzw. den Abbruch der Migration im Zielland bedeuten.

Erstarrung meint eine Unfähigkeit (Lähmung), auf eine Gefahr zu reagieren. Die Person wird starr vor Angst, wird zu einer „Salzsäule" (Parallelität: Totstellreflex bei Tieren). Diese massive und lähmende Angst führt meist dazu, dass eine Auswanderung von Vornherein nicht umgesetzt wird.

Das Gefühl der Angst wird durch unsere Gedanken bestimmt. So wie man eine Situation einschätzt, so stellt sich ein entsprechendes Angstniveau auch ein. In der alten psychologischen Literatur wurde noch zwischen Furcht und

Angst unterschieden, wobei Furcht eine angemessene Angstreaktion auf eine wirkliche Gefahr meinte und Angst eine überzogene und unangemessene Reaktion beschrieb, die nicht in Relation zu einer ausgehenden Gefahr stand. Wir sprechen heute von angemessener vs. unangemessener Angst.

Angemessene Angst ist funktional, denn sie hilft dem Einzelnen entsprechende Maßnahmen einzuleiten, die sein Überleben sicherstellen. Beispielsweise bedeutet es, ein mulmiges Gefühl bei einem riskanten Überholmanöver im Magen zu haben, weil man sich einer lebensbedrohlichen Gefahr ausgesetzt hat. Konsequenterweise sollte man sich dazu entschließen, das nächste Mal verkehrsgerechter zu fahren.

Sie wollen unbedingt auswandern und haben sich bisher weder mit dem Zielland beschäftigt noch sprechen Sie die Sprache der Einwohner. Sie haben auch keine Idee, wie Ihr Aufenthaltsrecht geregelt werden könnte, auch haben Sie keinen Schimmer davon, wovon Sie leben wollen. Wenn Sie dann Angst erleben, dann ist diese Angst funktional, denn sie weist Sie daraufhin, dass eine Auswanderung in einem derartigen Fall hoch risikoreich ist und Sie wesentliche Faktoren einer gelingenden Auswanderung bisher nicht beachtet haben.

Eine unangemessene Angst liegt dann vor, wenn man mit Angst reagiert, obwohl keine objektive Gefahr besteht. Ein Beispiel dazu wäre, eine Angst vor Verarmung zu entwickeln, obwohl ein großes, breit angelegtes Vermögen vorhanden ist. Um eine unangemessene Angst kompensieren zu können, sollte man lernen, die auf die eigene Angst bezogenen Gedanken zu erfassen und ob ihrer Richtigkeit zu hinterfragen.

Ein erster wichtiger Schritt hierzu besteht darin, Information einzuholen, um einen Überblick über die Situation zu gewinnen. Erst dadurch wird man in die Lage versetzt, sich eine eigene Meinung zu bilden, aus der sich heraus bestimmte Handlungsalternativen ergeben können. Ist man unzureichend informiert, dann ist man auch nur unzureichend in der Lage, angemessene Entscheidungen treffen zu können.

Mitunter ist es auch günstig, in die sog. Vogelperspektive zu gehen, d.h „von oben" Ereignisse zu betrachten. Aus dem Abstand heraus baut man eigene Gefühle besser ab, die im Zusammenhang mit der Situation auftreten und zu Wahrnehmungsverzerrungen führen. Man ist dann nicht mehr Bestandteil der Angstsituation, sondern man betrachtet als „Supervisor" die Ereignisse mit Abstand, wie ein Zuschauer im Kino. So fällt es leichter, die Dinge objektiv zu beurteilen.

Da eine Auswanderung einen Entscheidungsprozess darstellt, wäre es sinnvoll, die Kriterien zu erfassen, die im Zusammenhang mit einer Auswanderung stehen, um das

40

persönliche Angstniveau zu kontrollieren. Zu hinterfragen wäre daher zunächst einmal das Motiv bzw., welche Gründe die Person veranlassen auszuwandern.

Wie Sie wissen unterscheiden wir prinzipiell zwischen Push- und Pull-Faktoren, d.h. zwischen Faktoren, die im eigenen Land liegen und als belastend oder bedrohlich angesehen werden sowie Faktoren, die als Anreiz dienen und im Zielland vorliegen bzw. es angenommen wird, dass diese dort vorhanden sind.

Push-Faktoren können sich auf objektive Bedrohungen beziehen und mit einem sehr starken Angsterleben einhergehen. Im Vordergrund der Auswanderung stehen weniger die Anziehungen des Ziellandes, sondern primär die Vermeidung der als bedrohlich wahrgenommenen Situation im Heimatland.

Wir sprechen dann von einer aktiven Vermeidung, wenn die Wahrscheinlichkeit einer persönlichen Schädigung oder Beeinträchtigung als hoch angesehen wird und durch Verlassen der Situation (Auswanderung) der Schaden abgewendet werden kann. Insofern stellt eine aktive Vermeidung einen funktionalen Anpassungsprozess dar, was nichts anderes bedeutet, als dass ich aktiv einen sinnvollen und notwendigen Schritt zum eigenen Schutz unternommen habe.

Wenn ich eine, als bedrohlich oder unbefriedigend erlebte Situation verlasse tritt eine Erleichterung ein. Gleichzeitig schaffe ich für mich die Möglichkeit eines Neubeginns unter veränderten Voraussetzungen. D.h. ich verlasse die Heimat mit ihren als bedrohlich bzw. unbefriedigend erlebten Rahmenbedingungen und erwarte, dass diese nicht bzw. nicht in diesem Ausmaß im Zielland vorhanden sind. Allerdings sollte man nicht blauäugig auswandern und davon ausgehen, dass es woanders automatisch besser ist. Vielmehr wäre es sinnvoller vor der Emigration zu prüfen, wie die Bedingungen im Auswanderungsland sind. Ansonsten würde man Gefahr laufen, vom Regen in die Traufe zu kommen. Eine sinnvolle Informationssuche und Beschäftigung mit dem Zielland ist also eine unabdingbare Voraussetzung für eine Auswanderung.

Zu prüfen wären dabei aber nicht nur die Faktoren, die man im Heimatland vermeiden möchte und im Zielland nicht bzw. reduziert erwartet, sondern auch die positiven Möglichkeiten, die sich dort bieten. Ich sollte mir daher auch Gedanken machen, wie ich leben möchte, wie ich meinen Lebensunterhalt bestreiten werde oder wie das soziale Leben aussehen könnte. Sollten diese Prüfungen positiv ausfallen, wären wichtige Voraussetzungen zur Auswanderung erfüllt.

Außerdem sollten Sie weitere Determinanten berücksichtigen:

- Besteht eine grundsätzliche Angst vor der Auswanderung?
- Möchte ich eigentlich gar nicht auswandern, fühle mich aber durch den Partner gedrängt?

42

- Erlebe ich die Situation im Heimatland möglicherweise bedrohlicher als sie wirklich ist?
- Kann ich nie wieder zurück kehren, wenn ich einmal ausgewandert bin?
- Bekomme ich im neuen Land die soziale Sicherheit, die ich meine haben zu müssen?
- Habe ich gesundheitliche Probleme, die einer Auswanderung entgegen stehen könnten?
- Bin ich psychisch ausreichend stabil?
- Wie empfindet meine Familie meinen Wegzug ins Ausland?
- Werden mir von dieser Seite Ängste und Schuldgefühle gemacht?
- Bin ich bereit die alten Verbindungen zu Freunden und Bekannten aufzugeben?
- Was meint mein Partner zur Auswanderung?
- Sind die Kinder bereit, eine Auswanderung mitzumachen?
- Habe ich ausreichend finanzielle Mittel, um eine mögliche schwierige Phase durchzustehen?
- Sind meine Sprachkenntnisse ausreichend?
- Habe ich mich mit dem Zielland ausreichend beschäftigt, es schon bereist und wie komme ich mit der Mentalität der Menschen zurecht?
- Verfüge ich über Kulturtechniken und toleriere auch kulturelle Widersprüchlichkeiten?
- Kann ich auf andere zugehen oder mich an vorgegebene Situationen anpassen?

Die Klärung dieser Fragen ist sehr wichtig, denn dadurch vermeiden Sie erhöhte Risiken und bauen Kontrolle auf. Die möglichen Probleme im Unternehmen „Auswanderung" würden erfasst und berechenbarer. Sollten bestimmte Faktoren nicht abgebaut werden können, heißt dies, dass Sie eine erneute Risikoeinschätzung vornehmen müssen..

Probleme sind vorprogrammiert, wenn weder Ihr Partner, noch Ihre Kinder die Auswanderung tragen würden. Ebenso sollten Sie sich überlegen ob Sie auswandern, wenn ein oder mehrere Familienmitglieder chronisch krank sind und Ihr mögliches Aufnahmeland über eine mangelhafte Gesundheitsversorgung verfügt. Ein unzureichendes finanzielles Polster erhöht unnötigerweise das Risiko. Auch hier sollten Sie sich überlegen, ob es nicht vernünftiger wäre, sich eine ausreichende Vorbereitungszeit zu nehmen und in der Heimat zunächst noch eine finanzielle Grundlage aufzubauen.

Eine Auswanderung selbst stellt einen Prozess dar. Dieser muss wachsen. Eine Emigration aus dem Bauch heraus und ohne Prüfung der o.g. relevanten Faktoren bedeutet in der Regel einen Misserfolg in der Durchführung des Vorhabens.

Eine gesunde Einstellung entwickeln

Es ist einfach gesagt, man solle positiv denken und das negative Denken „fallen lassen". Oftmals hört man im Alltag auch den Satz des halb vollen und des halb leeren Glases. Natürlich leuchtet es ein, dass eine optimistische Einstellung eher zu einem Ziel führt als eine pessimistische. Aber was soll man machen, wenn der Pessimismus immer wieder durchkommt und das Glas den Anschein erweckt, wirklich halb leer zu sein.

In unserer Gesellschaft lernt man nicht zu denken. Man lernt zwar viele Dinge, aber wie man richtig denkt, das bringt einem Niemand bei. Das fängt bereits in der Kindheit an, wenn man den vielfachen Irrationalitäten der Eltern ausgeliefert ist: Pass auf, dass du dich nicht schmutzig machst! Was sollen die anderen von dir denken? Du musst es besser machen! Ein Junge / Mädchen verhält sich so nicht!

Als Kind nehmen wir das von der älteren Generation Gesagte als richtig an, denn die Erwachsenen wissen ja, was richtig ist. Sie sind ja schließlich erwachsen. Diese Leitsätze werden automatisch von uns internalisiert und zu Sätzen, die unser Leben bestimmen werden.

Das, was wir nicht tun, ist diese Sätze in Frage zu stellen. Dafür sind wir als kleines Kind noch nicht weit genug entwickelt. Wir fragen daher nicht:

- Warum kann ich mich nicht auch einmal schmutzig machen?
- Ist es so schlimm?
- Ist es denn so wichtig, was andere von mir halten?
- Muss ich unbedingt gefallen und dabei meine Meinung verschweigen?

Später werden wir von anderen Personen weiter indoktriniert: der Kindergärtnerin, der Lehrerin, dem Trainer oder dem Musiklehrer. Es folgen die Medien, die Politik, die Werbung und sonstige Interessengruppen, die uns in eine bestimmte Richtung „erziehen" möchten. Wir nehmen auch deren Botschaften „kampflos" hin, da wir ja nicht gelernt haben, diese in Frage zu stellen und kritisch zu sein.

Wie kann ich jedoch mein Denken verbessern? Wie funktioniert ein „richtiges" Denken?

Das Denken sollte an der vorhandenen Information ausgerichtet sein. Damit ist es relativ, denn der Informationsstand kann sich ändern und so auch meine Einschätzung der Situation.

Ein angemessenes Vorgehen ist das eines Wissenschaftlers. Dieser erfasst und beobachtet ein Phänomen und sammelt zunächst nur Daten. Diese bringt er in einen Zusammenhang und entwickelt eine Hypothese über diese Daten. Er sucht anschließend nach Beweisen für die Richtigkeit seiner Annahmen. Bestätigen sich diese immer wieder, so sind sie als richtig anzusehen. Werden die Annahmen nicht bestätigt, dann muss der Vorgang noch einmal überprüft werden. Entweder handelt es sich um eine falsche Vermutung oder es sind nicht ausreichend bzw. die falschen Daten erfasst worden.

Lassen Sie uns dieses Prinzip an einem Beispiel zur Auswanderung konkretisieren:

Lisa möchte mit ihrem Lebenspartner auswandern. Sie hat jedoch Ängste davor entwickelt, die sich durch die nachfolgenden Gedanken ausdrücken.

Gedanke:

Alle wichtigen Projekte in meinem Leben sind bisher gescheitert. Ich bekomme absolut nichts so richtig auf die Reihe. Wenn ich mit meinem Partner auswandere, der dies möchte, so wird es natürlich wieder schiefgehen, auch wenn ich selbst gerne mit ihm auswandern würde.

Gefühl:

Angst, Anspannung

Hinterfragen:

1. Ist es wirklich so, dass <u>alle</u> wichtigen Projekte in meinem Leben gescheitert sind oder gab es nicht doch auch erfolgreich gemeisterte Projekte?

2. Ist es tatsächlich so, dass ich <u>absolut</u> nichts (= 100% nichts) auf die Reihe bekomme oder übertreibe ich da?

3. Woher weiß ich, dass eine Auswanderung als zukünftiges Projekt <u>natürlich</u> scheitern wird?

<u>Antworten:</u>

1. Ob wirklich alle wichtigen Projekte im Leben gescheitert sind, mag einmal dahin gestellt sein. Aber selbst, wenn es so sein sollte, stellt sich die Frage, wie es dazu gekommen ist. Es ist sicherlich besser zu fragen was falsch gelaufen ist und was zukünftig anders gemacht werden sollte, damit es besser wird, statt im Misserfolg stecken zu bleiben. Ich würde dann von der Problemfokussierung in die Lösung gehen.

   Insofern ist es auch wichtig, die Perspektive in die andere Richtung zu lenken, nämlich in die der erfolgreich gemeisterten Projekte. Ist man auf das Negative, sprich Misserfolge, programmiert, dann sieht man natürlich nicht das Positive, sprich die Erfolge. Beide Ebenen sollte man in die Waagschale bringen, um einen angemessenen Informationsstand zu erhalten.

2. Einen 100% igen Misserfolg gibt es nicht, schon statistisch gesehen geht das nicht. Selbst bei Menschen, die das Pech „gepachtet" haben, ist immer auch etwas Positives dabei. Daher sollte die Wahrnehmung auch in diese Richtung gelenkt werden, damit die negative Einstellung korrigiert werden kann.

3. Selbst dann, wenn man zuvor schon einige Projekte „in den Sand" gesetzt haben sollte, bedeutet dies nicht automatisch, dass ein nächstes Projekt (hier eine Auswanderung) scheitern wird. Vielmehr wäre es wichtig, das neue Projekt genauestens zu planen, Informationen einzuholen und eine Chancen- und Risikoabwägung vorzunehmen. Man würde sich an dem Möglichen orientieren und sich nicht vornehmlich auf die negativen Aspekte konzentrieren. Eine Konzentration auf die negativen Aspekte würde die Wahrscheinlichkeit eines Scheiterns tatsächlich im Sinne einer Sich-selbst-erfüllenden-Prophezeiung erhöhen.

Neues Gefühl:

offene Erwartung, normales Anspannungsniveau, milde Zuversicht

An dem Denken von Lisa fällt auf, dass sie die Tendenz hat, auf Misserfolge zu achten und sie ihre Wahrnehmung in diese Richtung lenkt. Sie benutzt Absolutismen, wie das Wort „alles" oder „absolut". Deren Verwendung lässt keinen Zwischenraum zu: etwas ist gut oder schlecht, schwarz oder weiß, erfolgreich oder erfolglos. Bei diesem Denken fehlen die Zwischentöne, das Sowohl-als-Auch. Aspekte einer Situation können aber sowohl negativ als auch positiv sein.

In einem zweiten Beispiel erlebt Elke Schuldgefühle gegenüber ihren Eltern. Sie ist mit ihrem Mann und den beiden Kindern vor drei Jahren in die USA ausgewandert. Ihr Mann hat dort eine gute Position in der IT-Branche. Die beiden Kinder fühlen sich wohl und unterhalten regelmäßige Kontakte zu anderen Kindern. Elke selbst hat einen stundenweisen Job in einem Reisebüro und sich darüber hinaus einen kleinen Freundeskreis aufgebaut. Sie möchte, wie ihr Mann und die Kinder, „eigentlich" in den USA bleiben, wenn da nicht ihre teils massiven Schuldgefühle wären, die immer dann verstärkt auftreten, wenn sie mit ihren Eltern, in der Regel mit ihrer Mutter, über Skype konferiert. Ihre schlechte Laune lässt sie dann meist an ihrem Mann und den Kindern aus. Wegen der Vorwürfe bzgl. ihrer Auswanderung, die ihr ihre Mutter regelmäßig macht und da ihr Vater deshalb angeblich eine Diabetes bekommen habe, hat Elke die Kontakte bereits eingeschränkt. Aber auch das wird ihr von ihrer Mutter zum Vorwurf gemacht. Elke kann folgende zentrale Gedanken benennen:

Gedanke:

1. Nur weil ich ausgewandert bin hat Papa Diabetes bekommen. Ich hätte das nicht tun dürfen sondern mehr Rücksicht auf ihn nehmen müssen.

50

2. Auch Mama leidet darunter, dass ich in den USA bin. Sie möchte doch so gerne ihre Enkelkinder aufwachsen sehen. Ich <u>hätte</u> an sie denken müssen, statt egoistisch mit meiner Familie auszuwandern.

3. Ich <u>sollte</u> engere Skype-Kontakte mit meiner Mutter halten, auch wenn es mir danach schlecht geht. Als Tochter habe ich ja auch eine Verantwortung ihr gegenüber, der ich auf jeden Fall gerecht werden <u>muss</u>, selbst wenn ich darunter leide und meine schlechte Laune an der Familie auslasse. Ich <u>sollte</u> mich auch meinem Mann und den Kindern gegenüber mehr zusammen reißen.

<u>Gefühl:</u>
Schuldgefühl

<u>Hinterfragen:</u>
1. Ist es wirklich so, dass Papa nur aufgrund meiner Auswanderung eine Diabetes bekommen hat oder hatte er nicht bereits schon seit Jahren aufgrund seines Übergewichtes und seines Bewegungsmangels Stoffwechselprobleme? Liegt es in meiner Verantwortung, wenn er eine Diabetes entwickelt hat? Soll ich wegen seiner Diabetes, die ich zudem nicht zu verantworten habe, wichtige Teile meines Lebens unterordnen?

2. Ist es nicht mein gutes Recht, dass ich mein Leben so lebe, wie ich es gerne möchte? Sollte meine Mutter nicht auch lernen, mich los zu lassen und eine Verantwortung

für ihr eigenes Leben zu übernehmen? Setze ich nicht bereits alles, was die Kontakte zwischen uns und meinen Eltern angeht, im Rahmen des Möglichen um, indem wir uns jedes Jahr mindestens einmal gegenseitig besuchen und sie auch die Kinder per Skype regelmäßig sprechen kann?

3. Warum sollte ich engere Kontakte mit meiner Mutter halten, wenn mir diese emotional schaden? Liegt es dann nicht in der Verantwortlichkeit meiner Mutter selbst, die Kontakte verständnisvoller und ohne Vorwürfe zu gestalten, so dass ich dann auch gerne häufiger mit ihr sprechen würde? Dann wäre auch meine Stimmung eine bessere und ich würde meiner Familie positiver begegnen.

Antworten:

1. Papa hatte schon lange Jahre vor meiner Auswanderung Stoffwechselprobleme gehabt, und es hatte sich bereits eine Diabetes entwickelt. Dafür trägt er selbst die Verantwortung, da er sich nicht gesundheitsgerecht verhält und ein miserables Diabetesmanagement macht. Es ist deshalb für mich auch nicht nachvollziehbar, dass ich mein Leben seiner Diabetes unterordnen soll.

2. Es ist prinzipiell mein gutes Recht, mein Leben so zu leben, wie ich es gern möchte. Ich kann von meiner Mutter erwarten, dass sie meine Entscheidungen respektiert und auch die Konsequenzen trägt. Dafür, dass sie

mir Vorhaltungen macht, besteht absolut kein Grund. Ich bin auch bemüht ihr so viele Kontakte wie möglich mit mir und den Kindern zu ermöglichen.

3. Ich kann erwarten, dass meine Mutter unsere Kontakte im positiven Sinn gestaltet und mir keine Vorhaltungen macht. Wenn mir die Gespräche emotional schaden und auch meine Familie unter meiner miesen Stimmung leidet, dann habe ich natürlich auch das Recht die Kontakte zu meiner Mutter einzuschränken.

Neues Gefühl:
neutrales Gefühl, aufkommende Freude

Typisch für das Denken von Elke sind Überschreitungen ihrer eigenen moralischen Regeln, was sich durch die Worte „ich hätte, ich sollte und ich müsste" zeigt. Die Frage ist hierbei, ob man selbst unbedingt etwas tun muss und sich somit eine Verantwortlichkeit aufbürdet, für die im Grunde die andere Person zuständig ist. Die eigenen Regeln sind meist überzogen und ultimativ, im Sinne eines Entweder-Oder: Ich muss meine selbst festgelegten Regeln erfüllen, sonst bin ich ein schlechter und egoistischer Mensch, der nur an seine Bedürfnisse denkt. Diese Regeln gilt es zu hinterfragen und durch angemessene Einstellungen zu ersetzen.

Dies sind zwei typische Beispiele von Situationen, die im Rahmen einer Auswanderung häufig auftreten. Unbearbeitet können sie zu massiven Problemen führen und letztlich auch zum Scheitern der Emigration. Daher ist es sinnvoll, derartige belastende Situationen zu hinterfragen und eine für die betreffende Person akzeptable Lösung zu finden.

Die einzelnen Schritte dazu noch einmal **zusammengefasst**:

1. Definition / Beschreibung der problematischen Situationen

2. Erfassen der damit im Zusammenhang stehenden Gedanken

3. und Gefühle

4. überzogene Gedanken, Interpretationen und Bewertungen identifizieren

5. diese hinterfragen und

6. durch angemessene Gedanken ersetzen

7. ein neues, moderateres Gefühl entwickelt sich.

Es handelt sich hierbei nicht um ein statisches Geschehen in dem Sinne, dass man einmal den Hebel umdreht und es stellt sich unmittelbar ein positives Gefühl ein, welches dann auch dauerhaft bleibt. Nein, so funktioniert eine Veränderung nicht. Es handelt sich vielmehr um einen Prozess, der einige Zeit in Anspruch nimmt. Daher ist es wichtig, die positiven und angemessenen Gedanken häufig zu wiederholen und sich in das Bewusstsein zu rufen. Denn nur dann werden sich die Einstellungen ändern, wenn diese bewusst erlebt werden (Dombrowski 2009).

Hilfreich und unterstützend könnte es beispielsweise sein, einmal schriftlich gegen die negativen und überzogenen Gedanken zu argumentieren. Nehmen Sie sich ein Blatt Papier und notieren Sie die unangemessenen Gedanken, so wie in den beiden Beispielen aufgezeigt, und entwickeln Sie Argumente dagegen, die an die Gegebenheiten und an den Informationsstand gekoppelt sind. Sie merken dann selbst, wie stabil Ihre neue Überzeugung ist oder ob Sie möglicherweise doch noch an den alten Mustern festhalten.

Ebenso wäre es eine gute Übung einer anderen Person gegenüber, z.B. dem Partner oder einer guten Freundin / einem guten Freund, die angemessenen Argumente mitzuteilen. Diese können Ihnen dann ein Feedback darüber geben, wie überzeugend Sie in Ihrer Argumentation gewesen sind. Sie würden Informationen darüber erhalten, inwieweit Sie wirklich eine neue Überzeugung entwickelt haben oder nur etwas sagen, von dem Sie selbst eigentlich noch nicht so richtig überzeugt sind.

III. Teil

Belastungsfaktoren vor der Auswanderung

Eine Auswanderung stellt, wie bekannt, einen jahrelangen Prozess mit unterschiedlichen Phasen dar. In der „Phase der kritischen Anpassung" ist die emotionale Belastung am stärksten und die Gefahr, psychische Probleme zu entwickeln, am höchsten. Diese Phase stellt einen integralen Bestandteil des Auswanderungsprozesses dar.

Es gibt allerdings auch Belastungsfaktoren vor dem eigentlichen Migrationsakt, welche mit einer deutlichen psychischen Reaktion einhergehen können. In diesem Fall würde man die psychische Problematik mit der Emigration ins Aufnahmeland nehmen, was natürlich eine starke Belastung darstellt und gleichzeitig das Risiko eines Scheiterns erhöht.

Nachfolgend möchte ich Ihnen zwei dieser Risikofaktoren vorstellen. Es handelt sich dabei um psychische Erkrankungen, die bereits vor der Auswanderung vorgelegen haben sowie psychische Belastungsfaktoren, die im Zuge der Entscheidungsfindung auftreten.

1. Psychische Erkrankungen liegen bereits vor der Auswanderung vor

Die Anzahl der psychisch bedingten Krankschreibungen und Frühberentungen in der BRD ist in den letzten Jahren gestiegen bzw. befindet sich auf hohem Niveau. Die jährlich

publizierten Gesundheitsreporte der gesetzlichen Krankenkassen zeigen diese Entwicklung auf. Die Techniker
Krankenkasse (2017) weist darauf hin, dass unter den
zwölf Top-Diagnosen, die für die meisten Fehlzeiten
verantwortlich sind, die Hälfte Psycho-Diagnosen
darstellen wie Depressionen, Anpassungs- und Belastungs-
störungen, somatoforme Störungen und Angststörungen.

Als Gründe werden von den Krankenkassen (DAK 2013,
IKK 2017) insbesondere Anforderungen der Arbeitswelt
und Leistungsgesellschaft angesehen wie hoher Zeitdruck,
Überforderung (zu viel Arbeit bei immer weniger Zeitein-
heit), Störungen des Arbeitsablaufs, hohe Verantwortung
bei abnehmender Kontrolle, eingeschränkter Entschei-
dungsspielraum, Leistungsdruck, Arbeitsplatzunsicherheit,
mangelnde Anerkennung und Demütigung. Darüber hinaus
stellen ebenso Arbeitslosigkeit sowie Teilzeit- und Mehr-
fachbeschäftigung Risikofaktoren dar. Die Entwicklung
eines zunehmenden Ungleichgewichtes zwischen Anforderung (Arbeit) und Erholung macht mittel- bis langfristig
krank.

Als Beispiel für die Häufigkeit psychischer Erkrankungen
und die Versorgungsqualität sei eine Studie von Wittchen
(2011) genannt. Diese umfasste ein nahezu vollständiges
Spektrum psychischer und neurologischer Störungen von
mehr als 100 Krankheitsbildern. Untersucht wurde die
Gesamteinwohnerzahl von 27 EU-Staaten sowie der
Schweiz, Norwegen und Island mit 514 Millionen
Menschen.

60

Es erkranken jährlich 38,2 % aller EU-Einwohner an einer psychischen Störung, was 164,8 Millionen Personen entspricht. Die Verteilung über die Altersstufen ist gleich. Darüber hinaus leiden weitere Millionen Menschen an neurologischen Erkrankungen wie Schlaganfall, Multipler Sklerose und Morbus Parkinson.

Die häufigsten psychischen Erkrankungen stellen Angststörungen (14 %), Schlafstörungen (7 %), unipolare Depressionen (6,9 %), Alkohol- und Drogenabhängigkeit (> 4 %), Aufmerksamkeits- und Hyperaktivitätsstörungen (5 % aller Kinder und Jugendlichen) und Demenzen (1 % in der Altersspanne 60-65 Jahre, bis 30 % in der Altersspanne über 85 Jahre) dar. Bis auf Suchterkrankungen ist die Häufigkeit und Rangreihe in allen Ländern ähnlich.

Die Behandlungsraten selbst können als niedrig angesehen werden. Maximal ein Drittel der Betroffenen erhält eine entsprechende professionelle Behandlung, die zudem dann auch zumeist nicht im Einklang mit den fachlichen Richtlinien steht.

Die gesellschaftliche Belastung durch psychische Störungen ist deutlich größer als bei anderen Krankheiten wie Herzerkrankungen oder Krebs. Sie ist für 26,6 % der gesellschaftlichen Gesamtbelastung durch Krankheiten verantwortlich.

Durch diese Daten wird deutlich, dass die psychische Erkrankungs- und Belastungsrate innerhalb der Bevölkerung als sehr hoch anzusehen ist. Es kann daher davon ausgegangen werden, dass unter den Personen, die auswandern, auch ein umschriebener Prozentsatz von Menschen ist, die unter einer behandlungsbedürftigen Erkrankung leiden, bei denen eine subklinische Symptomatik vorliegt oder in den Jahren zuvor eine psychische Erkrankung vorgelegen hat. Das Vorliegen einer klinischen bzw. subklinischen Symptomatik erhöht den Belastungsgrad, der mit einer Auswanderung einhergeht. Es besteht die Gefahr, dass die Beschwerden zunehmen und sich die Symptomatik verstärkt. Infolgedessen besteht das Risiko, dass beispielsweise die Vorbereitung einer Auswanderung unzureichend umgesetzt wird oder der Integrationsprozess im Zielland unterminiert wird.

Menschen mit einer depressiven Verstimmung erleben eine niedergeschlagene Stimmung, haben Aufmerksamkeits- und Konzentrationsbeeinträchtigungen, ziehen sich zurück, zeigen einen Interessenverlust, haben eine negative und pessimistische Zukunftserwartung und weitere Symptome. Je nach Schwere der Depression ist das Leben mehr oder weniger eingeschränkt, was die Beziehung zum Partner, zu den Kindern, dem sozialen Umfeld gegenüber und die beruflichen oder sonstigen Leistungsbereiche angeht. Hat sich vor einer Auswanderung bereits eine Depression entwickelt, die noch weiterhin besteht, kann dieser Prozess nur eingeschränkt gestaltet werden. Es besteht das Risiko der Überforderung. Eine Auswanderung an sich stellt bereits eine starke emotionale Herausforderung dar und kann bei Menschen, die bereits unter einer psychischen Erkrankung leiden, zu einer Verstärkung und damit auch weiteren Chronifizierung der Beschwerden führen. Bei Menschen, die früher einmal eine psychische Erkrankung erlebt haben, die jedoch zwischenzeitlich kompensiert worden ist, besteht durch die Belastung der Auswanderung das Risiko einer Reaktivierung der alten Muster und somit eines Rückfallgeschehens.

Daher wäre es sehr wichtig bereits vor der Auswanderung noch in Deutschland entsprechende therapeutische Maßnahmen einzuleiten und den Kontakt zu einem Psychotherapeuten oder Facharzt zu suchen. Das Gesundheitssystem hier bietet zumindest derzeit noch im weltweiten Vergleich günstige Möglichkeiten an, was die Behandlung psychischer Erkrankungen angeht. Die Behandlung einer psychischen Erkrankung im Ausland dürfte in den meisten Fällen schwieriger sein, auch im Hinblick auf die sprachliche Verständigung.

Britta ist 46 Jahre alt und mit ihrem Mann Hajo vor 6 Jahren nach Neuseeland ausgewandert. Die Ehe ist kinderlos geblieben. Ihr Mann arbeitet als Wissenschaftler an der Universität. Beide bewohnen mit ihrem Hund ein großes Haus am Stadtrand. Britta kümmert sich vornehmlich um den Haushalt und arbeitet stundenweise im Rahmen eines Onlinedienstes von zu Hause aus.

Bereits in Deutschland hat Britta seit der Pubertät unter Depressionen gelitten. Eine medikamentöse Behandlung mit Anti-Depressiva erbrachte nur einen kurzfristigen Erfolg.

Auch eine Psychotherapie hat sie zwar als entlastend erlebt, allerdings ohne grundlegende Veränderung ihrer depressiven Beschwerden.

Ihr Mann hatte schon immer den Wunsch nach Neuseeland auszuwandern. Bereits als Kind verbrachte er mit seinen Eltern die Ferien häufig in Neuseeland und lernte das Land kennen und lieben.

Da Britta ihre Beziehung zu Hajo sehr wichtig war und sie Angst hatte ihn zu verlieren, hat sie einer Auswanderung zugestimmt, obwohl sie ihrerseits lieber in Deutschland geblieben wäre. Während der Vorbereitungsphase zur Auswanderung blieb die psychische Befindlichkeit von Britta noch relativ stabil. Allerdings verschlechterte sich ihr Zustand nach einigen Monaten im neuen Land zusehends, so dass Britta sich entschloss einen Psychiater aufzusuchen, der sie medikamentös einstellte. Wie in Deutschland erbrachte die Therapie für Britta nicht den erwünschten Erfolg, so dass sie diese Behandlung abbrach und sich in eine Psychotherapie begab. Obwohl ihre Sprachkenntnisse recht gut waren, hatte sie stellenweise das Gefühl, dass ihre Psychotherapeutin, die sehr bemüht war ihr zu helfen, sie nicht immer verstand und Britta sich nicht in der Lage fühlte, ihre Gedanken und Gefühle so zu formulieren, wie sie diese empfunden hat. Nach einem halben Jahr beendete Britta die Psychotherapie. Auf Drängen ihres Mann, der natürlich bemerkte, dass die Depression weiterhin fortbestand und es auch zu wieder-

holten partnerschaftlichen Konflikten kam, meldete sie sich zu einer psychologischen Online-Beratung bei einem deutsch sprechenden Psychologen an.

2. Psychische Belastungen innerhalb der Entscheidungsfindung

Auch die Entscheidungsfindung selbst stellt, wie die Auswanderung, in der Regel einen jahrelangen Prozess dar mit verschiedenen Für und Wider. Die diesen Prozess begleitenden psychischen Reaktionen können sehr unterschiedlich sein, abhängig von der Persönlichkeit der Person, der persönlichen Rahmenbedingungen oder der Motivation, die zur Auswanderung führt.

Im oben genannten Beispiel von Britta und Hajo war der Belastungsgrad bereits vor der Auswanderung von Britta deutlich höher als der von Hajo, unabhängig von Brittas Depression.

Insbesondere dann, wenn Faktoren im Rahmen der Entscheidungsfindung dominant sind, die als Risiko oder Belastung angesehen werden können, steigt der Stresspegel. Das kann beispielsweise eine ambivalente Einstellung vor der Ausreise sein, die Befürchtung, dass die Auswanderung doch nicht klappen könnte oder eine starke Bindung an die Herkunftsfamilie. Unklarheiten über das Leben im Aufnahmeland sowie eine unausgereifte Geschäftsidee sind ebenso hemmende Faktoren wie eine knappe finanzielle Ausstattung oder eine unzureichende berufliche Qualifikation.

Sollte eine Auswanderung von Vornherein zeitlich befristet sein, der Arbeitsplatz schon feststehen und die Wohnsituation geregelt sein, reduzieren diese günstigen Voraussetzungen in der Regel den Belastungsgrad. Allerdings kann der Auswanderer auch unter derartigen Voraussetzungen emotional sehr gefordert werden, wie das nachfolgende Beispiel zeigt.

Lars ist Diplom-Ingenieur und arbeitet für einen Automobilkonzern, der ein Werk in Mexiko unterhält. Es wird von Arbeitgeberseite erwartet, dass von Mitarbeitern, die innerhalb des Konzerns Karriere machen möchten, ein mehrjähriger Auslandsaufenthalt realisiert wird. Da Lars den Ehrgeiz besitzt, zukünftig auch eine Führungsposition zu übernehmen, meldet er sich für drei Jahre Aufenthalt in Mexiko.

Dort angekommen bezieht er eine vom Werk zur Verfügung gestellte Wohnung. Sein Arbeitsplatz befindet sich in unmittelbarer Nähe. Im Werk wird ihm ein Mitarbeiter zur Verfügung gestellt, der ihn die ersten beiden Wochen begleitet. Lars hat Probleme mit der Sprache, da er über mehr technisches als sprachliches Talent verfügt. Ihn irritieren anfangs einige Besonderheiten in Mexiko, die er so von Deutschland nicht kennt. Er berichtet, dass viele Dinge dort nicht so eng gesehen und „laxer" gehandhabt werden.

66

Da Lars sehr genau arbeitet und sich selbst auch als Perfektionisten bezeichnet, kommt es nach einiger Zeit zu Dissonanzen mit einigen Mitarbeitern seiner Gruppe. Lars wird dabei schnell zum Außenseiter und von den anderen weitestgehend gemieden. Sie besprechen mit ihm nur noch das Notwendigste. Auch in seiner Freizeit findet er keinen richtigen Anschluss und hat täglich stundenlange Skype-Gespräche mit seiner Familie in Deutschland, die sich zwischenzeitlich Sorgen um ihn macht. Eine gewisse Entlastung entwickelt sich als Lars den Kontakt zu einem neu eingestellten deutschsprachigen Mitarbeiter findet, der auf seiner „Wellenlänge" ist.

Trotz allem hat Lars letztendlich die drei Jahre mehr schlecht als recht durchgestanden. Für ihn hatte diese massive Herausforderung jedoch eine besondere Bedeutung, auf die er mit großem Stolz zurück blickt.

Im Fall von Lars wurden für die Auswanderung notwendige Vorbereitungen nur unzureichend getroffen. So wäre es hier beispielsweise sinnvoll gewesen, die sprachlichen Fertigkeiten schon vor der Ausreise deutlich zu verbessern und notwendige kulturelle Kompetenzen zu entwickeln. Diese beiden Punkte erwiesen sich im Beispiel als deutliche Defizite.

Ein anderes psychisches Belastungsmoment entwickelt sich bei Menschen, die sich aufgrund von Bedrohungsgefühlen zur Emigration entschließen. Der Entscheidung selbst geht in der Regel eine mehrjährige Auseinandersetzung mit unterschiedlichen, teils massiven emotionalen Reaktionen voraus, in dem das Ausmaß der Bedrohung immer wieder reflektiert wird.

In früheren Generationen stellte eine Auswanderung eine existentielle Notwendigkeit dar, z.B. aufgrund von Ernährungsproblemen oder Hungersnöten wie in Deutschland im 19. Jahrhundert. Vornehmlich im 20. Jahrhundert erfolgten Auswanderungen primär aufgrund von Kriegsereignissen oder in deren Folge von desolaten Lebensbedingungen. Aber auch nach dem 2. Weltkrieg verließen trotz des Wirtschaftswunders Deutsche ihr Land aus Angst vor einem drohenden 3. Weltkrieg, vor Umweltverschmutzung oder radioaktiver Verseuchung. Die Beschäftigung mit diesen Themen an sich bedeutete bereits eine starke emotionale Belastung, die mit in das Aufnahmeland genommen wurde. Die Auswanderung wurde dann auch häufig zunächst als entlastend erlebt.

Die im Rahmen der Globalisierung seit den 1970er Jahren entwickelte Auswanderung als Teil des persönlichen Lebensplanes verlangte andere Anforderungen an die Auswanderer als an die der Jahrzehnte zuvor. Aufgrund der sich in Deutschland in den letzten Jahren veränderten gesellschaftspolitischen Grundlage nimmt zwischenzeitlich aber auch wieder die Anzahl der Bürger zu, die gerade aufgrund von massiven Ängsten in Bezug auf die zukünftige Perspektive im Land sich entschließen, anderswo einen Neuanfang zu wagen.

68

Eine Auswanderung erfolgt für diese beschriebene Gruppe dann nicht primär aufgrund von Pull-, sondern aufgrund von Push-Faktoren. Diese Menschen würden ohne dem Vorliegen dieser wahrgenommenen Faktoren ihre Heimat nicht verlassen. Da Deutschland nach ihrer Einschätzung ein „anderes" werden wird, stellt sich für sie somit ein doppelter Verlust ein, denn eine Rückkehr wird als eher unwahrscheinlich angenommen.

Wenn sich das Heimweh meldet

Durst ist schlimmer als Heimweh, sagt der Volksmund. Dabei ist beides schlimm, doch Durst ist halt schlimmer. Durst kann zum Tode führen, Heimweh aber nicht. Das Lebensnotwendige steht über der Emotion. Diese Erkenntnis mag tröstlich sein. Jedoch bleibt das Heimweh trotzdem bestehen. Aber es ist immerhin ein Trost und Heimweh somit auch auszuhalten.

Es gehört als normales Gefühl zur Emigration dazu und bleibt mit unterschiedlicher Intensität über den gesamten Auswanderungsprozess bestehen. Heimweh stellt die eine Seite der Medaille dar, nämlich die Seite des Verlustes. Auswanderung bedeutet neben dem Gewinn auch gleichzeitig etwas zu verlieren. Und diese Seite muss sich natürlich auch ausdrücken können. Daher besteht die Kunst einer gelungenen Integration darin, die alte und neue Kultur in eine Balance zu bringen. Je nach Situation und Ablauf des Migrationsprozesses liegt das Gewicht einmal mehr auf der einen und ein anderes mal auf der anderen Seite.

Die Gründe, die zum Heimweh führen, können bereits schon vor der eigentlichen Auswanderung liegen, also noch im Heimatland.

Je heimatverbundener ein Mensch ist, je mehr er in seiner Tradition verhaftet und in die Gesellschaft integriert ist, desto stärker wird sich das Heimweh nach einer Auswanderung ausdrücken. Ebenso spielen dabei die Motive, die zur

Emigration führen, eine Rolle. Je mehr Push-Faktoren ausschlaggebend sind, um so wahrscheinlicher wird es, dass sich das Heimweh meldet. Wandert man aufgrund von Gewalterfahrungen oder aus Angst vor einer negativen gesellschaftspolitischen Entwicklung aus, so wäre man ohne diese Gründe wahrscheinlich in der Heimat geblieben. Man erlebt den Verlust in einem solchen Fall natürlich stärker. Wohingegen Anreize des Auswanderungslandes den Verlust minimieren, allerdings das Heimweh auch nicht ganz ausschalten können.

Darüber hinaus spielt es eine Rolle, ob die Auswanderung aus einem eigenen Motiv heraus realisiert wird oder eher externe Faktoren vorliegen. Wenn man nur deshalb auswandert, weil der Partner es will und man Angst hat den Partner zu verlieren, wenn man nicht mitkommt, dann wird sich das Heimweh sicherlich sehr schnell melden. Gleiches gilt für Kinder, die nicht in den Entscheidungsprozess einer Auswanderung eingebunden sind.

Nach der Auswanderung stellt die „Phase der kritischen Anpassung" den Zeitraum mit der höchsten emotionalen Belastung dar. In dieser Zeit ist das Heimweh besonders stark, insbesondere dann, wenn Probleme und Schwierigkeiten auftreten. Der Verlust der Heimat, mit seiner Sicherheit und Verbundenheit, wird dann besonders deutlich erlebt. Umgekehrt führt eine gelungene Anpassung an die neue Kultur zu einem moderaten Heimweh. Es ist dann besser erträglich.

Da Heimweh eine normale Emotion im Migrationsprozess darstellt, sollte man lernen, es zu akzeptieren. Es ist weder gut, noch schlecht. Es ist einfach so, ein normaler Vorgang. Je höher die Bereitschaft ist, dieses unangenehme Gefühl auch auszuhalten, desto schneller wird es wieder vergehen. Es tritt in unterschiedlichen Phasen mit unterschiedlicher Intensität auf. Auslösend sind häufig Erinnerungen, die aktiviert werden, oder negative Erlebnisse im Auswanderungsland.

Ein Aushalten-Können ist allerdings nicht so zu verstehen, dass man seine Heimatkultur nicht weiter leben soll. Es ist im Gegenteil wichtig für die eigene emotionale Verfassung diesen Teil auch auszuleben. Wie man das macht, das ist individuell sehr verschieden. Der Kontakt zur Familie und zu Freunden stellt eine solche Möglichkeit dar. Über die digitalen Medien ist dies ohne große Probleme möglich. Auch regelmäßige Besuche können das Heimweh lindern. Allerdings können häufige Kontakte auch das Gegenteil bewirken, beispielsweise dann, wenn man mit der Auswanderung unzufrieden ist oder gerade eine schwierige Phase im Auswanderungsland durchlebt. In einer solchen Phase können häufige Kontakte mit der Heimat das Heimweh verstärken und einen Wunsch zur Rückkehr hervorrufen. Die Bereitschaft, sich mit den Schwierigkeiten im Auswanderungsland auseinander zu setzen, wird dadurch unterminiert. Daher können Kontakte in die Heimat im Rahmen des Migrationsprozesses je nach Situation entlastend und förderlich sein, aber auch belastend und hinderlich.

Kontakte zu ausgewanderten Deutschen oder Deutsch sprechenden Emigranten reduziert das Heimweh. Häufig bilden sich deutsche Gemeinschaften oder Treffpunkte, wo man die sozialen Kontakte pflegen und die Heimatsprache sprechen kann. Manche Auswanderer treffen sich regelmäßig im privaten Kreis, um gemeinsam deutsche Gerichte zu kochen, sich über Ereignisse in Deutschland auszutauschen, gemeinsam zu plaudern oder die Kinder zusammen spielen zu lassen. Andere wiederum halten die Tradition hoch und feiern Weihnachten bei Sonnenschein. Der Phantasie sind dabei keine Grenzen gesetzt.

So mancher vom Heimweh geplagte Auswanderer hat seinen Weg zu Gott gefunden. Das Gebet und das innere Zwiegespräch geben Kraft und Sicherheit, um eine schwierige Phase zu überstehen und möglicherweise auch dauerhaft einen spirituellen Zugang zu entwickeln.

Man sollte sich darüber hinaus auch immer wieder verdeutlichen, dass mit der Auswanderung eine bestimmte Zielsetzung verbunden ist, sei es bei einem befristeten Aufenthalt ein berufliches Projekt oder bei einer dauerhaft geplanten Emigration die Integration ins Aufnahmeland. Das Heimweh ist dabei ein normaler emotionaler Bestandteil dieses Prozesses. Die Fokussierung auf positive Aspekte des Einwanderungslandes hilft oftmals das Heimweh zu lindern und den Integrationsprozess zu fördern. Spielen Sie dabei auch ein bisschen auf Zeit. Je länger Sie im Land verweilen und je mehr Sie sich bemühen den dortigen Anforderungen zu entsprechen, um so höher ist die Wahrscheinlichkeit, dass sich das Heimweh auf einem auszuhaltenden Niveau einpendelt. Sollten Sie es aber trotz allem nicht aushalten können, haben Sie letztlich immer noch die Möglichkeit zurück zu kehren.

Auswanderung als persönliche Bereicherung

Jedem Menschen, der aus welchen Gründen auch immer eine Auswanderung umgesetzt hat, sollte für seinen Mut und seine Risikobereitschaft gratuliert werden. Er hat sich damit mit einer massiven emotionalen Anforderung auseinandergesetzt, möglicherweise auch ohne dies zuvor gewusst zu haben.

Nach der Auswanderung ist die betroffene Person eine andere als zuvor, unabhängig davon ob es sich um eine zeitlich befristete Auswanderung handelt, eine Auswanderung erfolgreich war oder eine Rückkehr stattgefunden hat. Die Persönlichkeit ist in jedem Fall gereift. Viele Auswanderer sehen dann die Welt mit anderen Augen.

Ein freiwilliges soziales Jahr im Ausland, ein Auslandsaufenthalt mit „Work & Travel" oder ein Studienaufenthalt sorgen nicht nur zu einer Zunahme von sprachlicher und kultureller Kompetenz, sondern führen gleichzeitig auch zu einem Sprung in der Persönlichkeitsentwicklung der jungen Menschen. Die Selbständigkeitsentwicklung wird gefördert und der notwendige Ablösungsprozess von zu Hause wird eingeleitet und forciert.

Ein zeitlich begrenzter Arbeitsaufenthalt im Ausland stellt die Person vor neue Aufgaben und Anforderungen, denen sie gerecht werden muss. Dadurch wird ein neuer Lernprozess eingeleitet und Kompetenzen abverlangt, die man mitunter im Heimatland nicht gebraucht hätte.

Eine Auswanderung ohne Rückkehrplanung hat allerdings noch eine ganz andere Qualität und fordert die Psyche auf besondere Art heraus. Das Risiko ist deutlich höher und das Sicherheitsnetz nicht mehr so engmaschig gespannt wie zu Hause. Infolge dessen werden die Emotionen auch stärker erlebt, sei es in positiver als auch in negativer Hinsicht. Das Leben fordert den Auswanderer täglich aufs Neue heraus, und er muss lernen, die alte Komfortzone zu verlassen und in der Regel neu und von ganz unten anzufangen. Den Status, den man einmal in der Heimat hatte, hat man jetzt nicht mehr. Dieser muss neu aufgestellt und entwickelt werden. Je mehr Geld man mitbringt, um so leichter wird es natürlich sein. Aber auch Geld ist keine Garantie, im neuen Land „anzukommen". Man muss bereit sein, sich zu bewegen und flexibel zu sein. Insofern kommt unseren kognitiven Fertigkeiten eine elementar wichtige Funktion zu.

Ich möchte Ihnen eine kleine Übung vorstellen, die Sie machen können, wenn Sie eine Auswanderung planen oder aber auch, wenn Sie bereits ausgewandert sind. Hintergrund der Übung ist das Wissen, dass sich die Vorstellungen, die wir uns machen, bereits dazu führen, dass sich in unserem Gehirn Nervenverbindungen bilden, die handlungsleitend für unsere Gegenwart und Zukunft sind. Das, was ich denke und mir vorstelle, wird somit zur Realität, sofern ich es dann auch umsetze.

Sie kennen diese Dinge vielleicht auch schon aus dem Alltag. Wenn ich morgens aufwache und ich denke „Das wird heute mein Tag!" konzentriere ich mich auf positive Dinge und die anstehenden Aufgaben bewältige ich locker mit Links. Stehe ich morgens auf und sage mir „Das wird mal wieder ein fürchterlicher Tag werden!" und ecke auf dem Weg zur Toilette irgendwo an, dann wird mir unmittelbar klar, dass es heute nichts mehr werden kann. Die Tagesrealität folgt den kognitiven Vorgaben.

Viele Menschen hatten schon als Kind oder Jugendliche Vorstellungen davon, was sie eines Tages mal machen werden, wenn sie erwachsen sind. Sie wollten ein Geschäft eröffnen, heiraten und Kinder haben, ein Haus bauen oder einmal im Leben ihr „One moment in time" erleben. Was glauben Sie ist daraus geworden? Es hat geklappt, zumindest dann, wenn man daran glaubt und fest davon überzeugt ist und auch den Willen hat, es anzugehen und umzusetzen.

Daher sollten Sie versuchen, einmal für Ihre Auswanderung eine Zukunftsprojektion vorzunehmen, unabhängig davon, welche Gründe Sie zur Auswanderung bewogen haben. Nehmen Sie sich deshalb zunächst eine halbe Stunde Zeit und sorgen Sie dafür, dass Sie nicht gestört werden. Suchen Sie sich einen ruhigen Platz, schließen Sie Ihre Augen und entspannen Sie sich. Wenn Sie dann nach einiger Zeit das

Gefühl haben, gut entspannt zu sein, dann stellen Sie sich Ihr Leben im neuen Land vor. Überlegen Sie, was Sie machen möchten, wie Ihr Alltag aussehen wird, wie und mit wem Sie Ihre Zeit verbringen werden, was Sie erreichen möchten. Lassen Sie Ihre Bilder wie in einem Film vor Ihrem geistigen Auge ablaufen.

Richard hatte immer wieder ein bestimmtes Bild im Kopf. Er sah sich dabei, wie er von einem Pick Up Nahrungsmittel und Haushaltsgegenstände ablud und in ein Haus mit kanadischer Bauweise trug. Seine Frau stand in der Tür und nahm die Gegenstände entgegen. Dieses Bild tauchte nach unregelmäßigen Zeitverläufen immer wieder auf.

Jahre später besuchte er mit seiner Familie Freunde, die nach Kanada ausgewandert waren. Diese hatten ein Haus am See, umgeben von Wald. Die nächste Stadt war eine Stunde Fahrtzeit entfernt. Richard hatte das Gefühl, dass ihm diese Szenerie bekannt war. Sein Freund fuhr zudem auch einen Pick Up.

Zuhause drängten sich in ihm immer wieder und zunehmend verstärkt Bilder von Kanada auf. Richard entwickelte dabei mehr und mehr den Wunsch auch nach Kanada auszuwandern. Er stellte sich vor dort einen Job zu finden und ein Haus am See zu beziehen. Er würde dann alle paar

Wochen in die Stadt fahren, um sich mit Nahrungsmitteln einzudecken, die er dann mit seinem Pick Up transportieren würde.

Die langen Winter würde er mit seiner Familie zu Hause am Holzofen verbringen. Er sah, wie sie alle zusammen saßen, Spiele spielten und heiße Getränke tranken. Im Sommer sah er sich mit einem Kanu auf dem See paddeln, seine Frau stand am Steg und winkte ihm zu.

Diese Bilder erschienen Richard immer wieder automatisch und er malte sie sich plastisch aus. Sein späteres Leben in Kanada entsprach nicht in allen Punkten seiner Vorstellung, aber er hatte das Gefühl „angekommen" zu sein.

Nutzen Sie daher auch die Plastizität Ihres Gehirns und entwickeln Sie Vorstellungen und Bilder von Ihrem zukünftigen Leben im Ausland. Diese sollten positiv besetzt sein und bewältigbar. Denn, wenn Sie wollen, dann können Sie nahezu alles im Leben erreichen. Für manche Ziele reicht möglicherweise die verbleibende Zeit des Lebens nicht mehr aus. Das sollte Sie allerdings nicht davon abhalten, trotzdem aktiv zu werden.

Selbst wenn Sie bereits ausgewandert sind, können Sie diese Vorstellungsbilder nutzen. Vielleicht ist bereits das Eine oder Andere schief gelaufen oder hat sich nicht so entwickelt, wie Sie es sich vorgestellt haben. Definieren Sie daher andere, neue, umsetzbare Ziele und entwickeln Sie Vorstellungen davon, wie Sie diese Ziele angehen wollen. Das kann ein neuer Kontakt sein. Sie sehen sich im Kreise von Einheimischen mit diesen reden, obwohl Sie die Sprache noch nicht so gut können. Das kann aber auch die Vorstellung eines Tagesablaufes sein, wo Sie sich morgens aufstehen sehen und die einzelnen Etappen Ihres Alltags an Ihrem geistigen Auge vorbeiziehen lassen wie in einem Film. Werden Sie zu Ihrem eigenen Regisseur, schreiben Sie Ihre eigene Story und weisen Sie die Schauspieler an, die Rolle zu spielen, die Sie ihnen vorgeben.

Auch eine Rückkehr ist ein Erfolg

Nicht jede geplante Auswanderung führt zu einem Verbleib im Zielland. Verschiedene wissenschaftlichen Studien weisen darauf hin, dass eine Rückkehrerquote von 20 - 30% der Auswanderer, die ursprünglich eine dauerhafte Migration anstrebten, als normal anzusehen ist. Darüber hinaus wandert noch ein gewisser Prozentsatz weiter in ein anderes Land.

Von denjenigen, die in ihr Heimatland zurückkehren, wird dies sehr oft als Niederlage oder Misserfolg betrachtet. Man hat es nicht geschafft, man hat versagt. Anderen gegenüber das eigene Versagen eingestehen zu müssen ist nicht unbedingt einfach. Man schämt sich, als hätte man etwas Verbotenes getan und sei dabei ertappt worden.

Aber ist eine Rückkehr tatsächlich etwas Tragisches oder bewertet der einzelne Rückkehrer die Sache negativer, als sie in Wirklichkeit ist?

Mit der Auswanderung haben Sie einen Mut bewiesen, den nicht jeder aufgebracht hätte. Dass ein Projekt auch scheitern kann ist normal. Nicht alles, was man anpackt, gelingt und aus Fehlern kann man lernen.

Das, was Sie mitnehmen, ist auf jeden Fall eine neue Erfahrung. Sie haben sich weiter entwickelt, ihr Bewusstsein hat zugenommen. Sie haben Ihre Grenzen erfahren und erkannt, was geht und was nicht geht. Ein Bewusstsein über seine Möglichkeiten zu haben, nennt man Selbstbewusstsein. Ein selbstbewusstes Handeln beinhaltet auch die Aufgabe eines anvisierten Zieles, das nicht erreichbar ist oder einfach nicht mehr als sinnvoll angesehen wird. Insofern stellt eine Rückkehr auch eine **intelligente Entscheidung** dar. Es macht wenig Sinn, etwas aufrecht erhalten zu wollen, das im Grunde nicht funktioniert.

Wichtig ist allerdings, dass man die Gründe, die zur Rückkehr geführt haben, erfasst und analysiert, denn sonst lernt man nichts daraus. Habe ich möglicherweise eine unzureichende Planung vorgenommen, meine Kompetenzen überschätzt, das neue Leben als einfacher zu bewältigen angesehen? Bin ich zu blauäugig gewesen oder hätte ich von Vornherein auf meine innere Stimme hören sollen, die gesagt hat „Lass es sein!"?

Eine Analyse der Gründe für die Aufgabe der Auswanderung bringt neue Erkenntnisse und man lernt sich selbst besser kennen. So kann man sich zukünftig mit seinen Stärken und Schwächen angemessener einschätzen. Weitere misslungene Aktionen werden zukünftig vermieden bzw. deren Auftretenswahrscheinlichkeit reduziert.

Häufig berichten Rückkehrer von einer sog. Rückkehrer-Depression. Nicht nur, weil die Rückkehr als persönliches Versagen attribuiert wird, sondern gleichzeitig ist die Welt, in die man zurückkehrt nicht mehr die, die man verlassen hat. Sie selbst haben sich weiter entwickelt, die Menschen

84

in Ihrer Umgebung sind jedoch weitestgehend so geblieben, wie sie früher waren. Man muss sich wieder aneinander gewöhnen und schauen, was noch geht und was nicht geht. Möglicherweise ist es nicht mehr möglich, alte Kontakte aufrecht zu erhalten und man muss sich ein neues soziales Umfeld suchen. Auch die alte Arbeitsstelle ist in der Regel nicht mehr vorhanden und man muss sich beruflich neu orientieren. Mitunter geht dies mit finanziellen Einbußen einher, so dass die Rückkehr mit neuen Anforderungen verbunden ist.

Aber auch dies wäre stemmbar. Arbeiten Sie Stück für Stück diese Anforderungen ab und bleiben Sie dabei konsequent am Ball bis Sie das erreicht haben, was Sie erreichen wollen. Akzeptieren Sie Ihre Rückkehr als das, was sie ist, nämlich als einen normalen Vorgang. Es ist nichts Schlimmes passiert. Sie haben lediglich eine neue Erfahrung gemacht. Stehen Sie dazu. Es war eine intelligente Entscheidung, dass Sie etwas aufgegeben haben, was nicht funktioniert hat.

Wenn Sie dann eines Tages auf Ihr Leben zurück blicken, so wird die Zeit Ihrer Auswanderung eine Phase Ihres Lebens sein. Vor Ihrer Auswanderung hat Ihr Leben stattgefunden und auch danach. Die Auswanderung selbst wird nur ein kleiner Aspekt des Ganzen sein und sich somit auch relativieren.

Literaturverzeichnis

Arnold, W., Eysenck, H.J., Meili, R.: Lexikon der Psychologie, Freiburg: Herderbücherei, 1976

DAK Gesundheitsreport 2013: Immer mehr Menschen aufgrund psychischer Erkrankungen krankgeschrieben. https://www.krankschreibung.net/psychische-leiden Zugriff 17.10.2017

Dombrowski, H.-U.: Angst erfolgreich überwinden. 4. aktualisierte und erweiterte Auflage. Gießen: CIP-Medien im Psychosozial-Verlag, 2005

Dombrowski, H.-U.: Ordnungen der Seele. Einstellungen für ein gesundes Leben. Gießen: CIP-Medien im Psychosozial-Verlag, 2009

IKK Südwest: Psychische Erkrankungen am Arbeitsplatz. Aktualisierung: 03.08.2017 https://www.ikk-suedwest.de/medizin-gesundheit/tipps-fuer-ein-gesundes-berufsleben/psychische-erkrankungen-am-arbeitsplatz Zugriff 17.10.2017

Technische Universität Dresden: Deutlich mehr psychische und neurologische Erkrankungen in Europa als bisher angenommen. Studie geleitet von Hans-Ulrich Wittchen. TU Dresden. 05.09.2011

Techniker Krankenkasse: Sechs psychische Krankheiten unter den Top-12-Ursachen von Krankschreibungen. TK Pressemitteilung. 31. März 2017
https://www.tk.de/tk/pressemitteilungen/bundesweite- pressemitteilungen/943386
Zugriff 17.10.2017

Stichwortverzeichnis

Der Autor

Dr. phil. Hans-Ulrich Dombrowski ist Diplom-Psychologe und Psychotherapeut. Er betreibt seit über 35 Jahren eine psychotherapeutische Praxis und gibt in verschiedenen Ratgebern und Lebenshilfebüchern seine Erfahrungen weiter, die sich in Therapie und Beratung bewährt haben.

Im Rahmen seiner Psychologischen Onlineberatung berät er Auswanderer und im Ausland lebende deutschsprachige Menschen.

Wege zu mehr Selbstvertrauen

Hilfreiche Strategien zur Erhöhung des Selbstwertgefühls

Selbstvertrauen und Selbstachtung sind wichtige Voraussetzungen für unser psychisches Wohlbefinden und unsere erfolgreiche Lebensgestaltung.

Umgekehrt leiden viele Menschen mit nur geringem Selbstwertgefühl an emotionalen Problemen wie Ängsten, Depressionen, Eifersucht und Schuldgefühlen.

Doch mangelndes Selbstvertrauen ist kein unabänderliches Schicksal, mit dem Sie sich abfinden müssen. Sie können lernen, Selbstvertrauen und Selbstakzeptanz zu entwickeln, sich zu achten und zu schätzen, wenn Sie sich Ihrer Fähigkeiten und Stärken bewusst sind.

In diesem Buch werden Ihnen bewährte Möglichkeiten aufgezeigt, die von kompetenter Hand entwickelt wurden und die bereits schon vielen Menschen geholfen haben zu lernen, besser mit sich umzugehen.

Beginnen Sie die Reise zu Ihrem Selbst und lernen Sie dabei gehbare von nicht gehbaren Wegen zu unterscheiden, um mehr Selbstzufriedenheit und ein höheres Ausmaß an persönlicher Unabhängigkeit für sich zu finden.

Hans-Ulrich Dombrowski

WEGE ZU MEHR SELBSTVERTRAUEN

Hilfreiche Strategien zur Erhöhung des Selbstwertgefühls

4. überarbeitete Auflage 2012

Books on Demand

ISBN 9783848204922

164 Seiten, € 12,80

Weitere Bücher von Hans-Ulrich Dombrowski finden Sie im Psychosozial-Verlag

Angst erfolgreich überwinden

Effektive Strategien zur Angstbewältigung
ISBN 978-3-9320-9612-9

Wieder Zuversicht gewinnen

Ratgeber Depression
ISBN 978-3-9320-9611-2

Lösungswege bei Alkoholproblemen

Ein praktischer Ratgeber für Betroffene, Angehörige und Interessierte
ISBN 978-3-9320-9614-3

Ordnungen der Seele

Einstellungen für ein gesundes Leben
ISBN 978-3-9320-9679-2